BEST *Burger* AT HOME

Edition Fackelträger

© 2015 Fackelträger Verlag GmbH, Köln
Emil-Hoffmann-Straße 1
D-50996 Köln

Alle Rechte der Verbreitung, auch durch Film, Funk, Fernsehen, fotomechanische Wiedergabe, Tonträger aller Art, auszugsweisen Nachdruck oder Einspeicherung und Rückgewinnung in Datenverarbeitungsanlagen aller Art, sind vorbehalten.
Die Inhalte dieses Buches sind von Autoren und Verlag sorgfältig erwogen und geprüft, dennoch kann eine Garantie nicht übernommen werden. Eine Haftung von Autoren und Verlag für Personen-, Sach- und Vermögensschäden ist ausgeschlossen.

Texte und Rezepte: Sabine Durdel-Hoffmann, Elke Eßmann, Brigitte Lotz

Fotos: TLC Fotostudio
Layout und Satz: visuelle konzepte, Dortmund
Umschlagillustrationen: Fotolia.com: © macrovecter, © PrintingSociety, © mollicart
Gesamtherstellung: Fackelträger Verlag GmbH, Köln

ISBN 978-3-7716-4592-2

www.fackeltraeger-verlag.de

INHALT

EINLEITUNG — 4

Burger-Rezepte

RIND & KALB — 8
SCHWEIN — 26
LAMM & WILD — 34
GEFLÜGEL — 42
FISCH & MEERESFRÜCHTE — 50
VEGGIES — 54

Rund um den Burger

BURGER-BUNS — 60
DIPS & SAUCEN — 62

REGISTER — 64

EINLEITUNG

Wer einmal etwa in New York in einem guten amerikanischen Burger-Restaurant wie Shake Shack, P. J. Clarke's oder Bill's Bar and Burger einen nach allen Regeln der Kunst frisch zubereiteten Burger genießen durfte, weiß, von welchem kulinarischen Erlebnis hier die Rede ist. Es schwirren fast so viele Storys um die Entstehung des Hamburgers herum, wie es heute Rezepte gibt. Als Herkunftsort nennen nahezu alle Hamburg, das deutsche Tor zur Welt. Durch dieses verließen bereits im 18. Jahrhundert viele Auswanderer Europa, um nach wochenlanger Seereise eine neue Heimat zu finden. Um sich noch einmal zu stärken und auch als Reiseproviant bediente man sich einer Hamburger Spezialität, des Rundstücks (Brötchens), gefüllt mit einer Scheibe Braten oder einer Scheibe gewürzten, gebratenen Hackfleisches und mit Sauce. Das machte satt, hielt eine Weile und ließ sich bequem aus der Hand verzehren. Das Gericht mundete wohl damals schon sehr gut.

Wieder über den Hamburger Hafen soll Rindfleisch nach Amerika verschifft worden sein, denn Rindfleisch war in der Neuen Welt Mangelware – es gab ja noch keine Rinderherden. Das englische „hamburger" bezeichnete im Übrigen ursprünglich mageres Rinderhackfleisch. Wann genau und wo nun welcher Restaurant- oder Imbissbudenbesitzer in Amerika den Hamburger in der Form, wie wir ihn heute kennen, erfunden haben mag, darüber scheiden sich die Geister: Ob es das Nobelrestaurant „Delmonico's" in New York, Charlie Nagreen, Fletcher Davies, die Gebrüder Menches in Erie County, Louis Lunch in New Haven oder andere waren, bleibt dahingestellt – wahrscheinlich lag der Burger an vielen Orten zugleich und in ähnlicher Form im wahrsten Sinne des Wortes auf der Hand.

Fest steht jedenfalls, dass der Burger in Amerika zu Beginn des 20. Jahrhunderts ein verbreitetes, überaus beliebtes Gericht war. Der Hamburger war ursprünglich alles andere als fragwürdiges Fast Food – der Grundstein zu dieser Reputation wurde, wieder in Amerika, in den 1940er- und 1950er-Jahren von späteren Restaurantketten gelegt, die Zubereitung und Verkauf standardisierten. Kenner haben sich aber längst auf die Ursprünge besonnen und erkannt, dass ein frisch zubereiteter Hamburger mit besten Zutaten geschmacklich eine Offenbarung sein kann: Die vielfältigen Kombinationsmöglichkeiten von gegrilltem, gewürztem Fleisch, knackig- frischem Gemüse und aromatischen Saucen, Beilagen oder Dips ist einfach lecker.
Die Restaurantszene und Grillfreunde haben die amerikanische Tradition des fachkundig gegrillten Burgers längst wieder aufgegriffen und locken mit fantasievollen Kreationen Burger-Fans aller Altersklassen. Bei den Rezepten lässt sich der amerikanische Ursprung nicht verleugnen, ist aber längst erweitert worden, und sogar Sterneköche in aller Welt bedienen sich nur zu gern des Erfolgsmodells. Es ist – wo auch immer die Wurzeln tatsächlich liegen – heute beliebter denn je.

Zubereitung & Zutaten

Was macht einen guten Grillburger aus?
Zunächst einmal werden „Hamburger" und „Cheeseburger" unterschieden: Ein Cheeseburger zeichnet sich, wie der Name schon sagt, durch die Beigabe einer oder mehrerer Scheiben Käse aus. Wir haben im Folgenden nicht streng untergliedert. Denn letzten Endes entscheidet immer der Genießer, ob, welchen und wie viel Käse er auf seinem Grillburger mag.
Grundsätzlich kann sich ein Grillburger aus verschiedenen – variablen – Komponenten zusammensetzen:

- Fleisch oder vegetarische Zutaten für die sogenannten „**Pattys**" (zum Beispiel Rind, Schwein, Lamm, Geflügel, Fisch und Meeresfrüchte, Bulgur, Tofu)
- Brötchen, die sogenannten „**Buns**" (zum Beispiel Weizen-, Roggen-, Mehrkorn- oder Ciabattabrötchen, auch Brioches oder Fladenbrot)

Und für die „**Toppings**":
- Salat, Gemüse, Obst
- Käse (zum Beispiel Blauschimmelkäse, Brie, Camembert, Cheddar, Feta, Gouda, Gruyère, Halloumi, Manchego, Mozzarella, Provolone, Taleggio, Ziegenkäse)
- Dressing, Marinade, Pesto, Tapenade, Mayonnaise, Senf, Ketchup, Chutney, Relish und mehr
- Kräuter und Gewürze

Einen leckeren Grillburger selbst zuzubereiten ist kein Hexenwerk. Die Utensilien und Zutaten sind weitestgehend in jedem Haushalt vorhanden. Allerdings ist ein wenig Grundwissen bei der Zubereitung aller Bestandteile Voraussetzung für das Gelingen.

Der Grill

Ob Holzkohlegrill, Gas- oder Elektrogrill, ob offener oder geschlossener Grill, ob Keramik- oder Edelstahlgrill: (Fast) jeder hat einen Grill zu Hause. Im Prinzip lassen sich Burger beinahe auf jedem Grill zubereiten, auch in der gerillten Grillpfanne bzw. gusseisernen Pfanne. Sie können den Burger zum Beispiel in der Pfanne anbraten und im vorgeheizten Backofen in 20–25 Minuten bei 180 °C fertig garen.

Ob Sie auf dem Grill Kohle oder Briketts verwenden, bleibt Ihnen überlassen: Kohle entwickelt schneller Glut, Briketts brauchen mehr Zeit zum Durchglühen, halten die Glut dafür aber auch länger.

Wir haben uns bei der Zubereitung unserer Rezepte für den **klassischen Holzkohlegrill mit Kohle** (nicht Briketts) entschieden, weil

- Pattys als kleineres, flaches Grillgut sich für das kurze direkte Grillen über der Kohle empfehlen, sie werden zügig sehr heiß, es entsteht so eine knusprige Kruste, und ihr Inneres gart, bleibt aber zart
- Holzkohle den Burgern das einzigartige Rauch- und Röstaroma verleiht, das sie so unwiderstehlich macht
- last, but not least: Grillen auf traditionelle Weise für eine entspannte Atmosphäre sorgt.

Das Zubehör

Um Pattys zu grillen, benötigen Sie im Prinzip die gleichen Utensilien, mit denen Sie auch anderes Grillgut verarbeiten. Manche davon sollten allerdings möglichst in doppelter Ausführung vorhanden sein.

- Holzkohlegrill, Holzkohle, Anzünder
- Burger-Presse: Hier scheiden sich die Geister – wer absolut gleichmäßig geformte Hackfleisch-Pattys bevorzugt, verwendet eine Presse. Es geht auch ohne …
- Grillhandschuhe, Schürze, Küchenkrepp zum Schutz und gegen Schmutz
- Grillbürste mit Drahtborsten, um den Rost vor Gebrauch einwandfrei zu reinigen, damit der Burger nicht am Rost „klebt" oder Schmutzpartikel am Burger anhaften
- Grillzange zum Rangieren der Kohle
- möglichst mehrere Pfannenwender für unterschiedliches Grillgut
- Beistelltisch für das Grillgut und die Utensilien
- mehrere Teller zum Ablegen von Grillgut und verwendeten Utensilien
- hitzebeständiges Öl (Pflanzenöl) und Pinsel zum Einölen des Grillrosts
- Pinsel zum Bestreichen des Garguts
- alle Gewürze, Glasuren und andere Zutaten, die bereits beim Grillen auf dem Grillburger verteilt werden sollen

Die Zutaten

Einige Voraussetzungen müssen gegeben sein, damit sich ein Grillburger in Geschmack und Konsistenz von Fertigprodukten etwa aus Fast-Food-Ketten unterscheidet. Das A und O sind die qualitativ guten Zutaten.

Fleisch

Der klassische Burger wurde mit gewolftem (= gehacktem) Rindfleisch zubereitet – medium gebraten –, aber die Zutatenpalette ist längst erweitert worden, bis hin zu exotischen Zutaten wie etwa Straußenfleisch. Das verwendete Fleisch sollte jedoch immer einen bestimmten Fettgehalt (etwa 18–20 Prozent) haben; so bleibt auch das verarbeitete Fleisch saftig. Fett sorgt bei Fleisch darüber hinaus für den „Fleischgeschmack" und ist überdies Geschmacksträger für andere Aromen. Bio-Fleisch, dessen Herkunft und Qualität Sie sicher bestimmen können, gibt es vor allem auf Bio-Höfen in Ihrer Nähe und bei Ihrem Metzger. Vor allem gewolftes Fleisch sollte in jedem Fall frisch sein, es muss kühl transportiert und gelagert sowie zügig nach dem Kauf oder der eigenen Zubereitung verarbeitet werden, um keinen Nährboden für Bakterien zu bieten. Bitten Sie den Metzger Ihres Vertrauens, Ihnen Fleisch Ihrer Wahl frisch durchzuwolfen, dann können Sie in jeder Hinsicht sicher sein. Bitten Sie ihn auch, das Hackfleisch beim Verpacken nicht zusammenzupressen: So fällt Ihnen die Verarbeitung leichter, die Zutaten lassen sich gleichmäßig damit vermischen, und der Burger wird später nicht zu fest. Sie können auch verschiedene Fleischsorten kombinieren wie etwa Lamm und Rind, Schwein und Lamm, Kalb und Rind oder Rind und Schwein. Die Zugabe von einem oder zwei Eiern und Paniermehl macht den Teig lockerer, ist aber nicht jedermanns Geschmack. Erweist sich der Teig als zu feucht, verwenden Sie mehr Paniermehl – da ist ein wenig Fingerspitzengefühl erforderlich. Mie de Pain (fein geriebenes Weißbrot ohne Rinde) hat eine feinere Struktur.

Für die Zubereitung von Grillburgern können Sie im Prinzip alle Teile eines Tieres verwenden. Sie können auch Hähnchenbrustfilets oder andere zarte Fleischstücke im Ganzen, also ungewolft, im Burger genießen, bei Fisch empfiehlt es sich sogar. Ob Sie lieber mageres Filet oder edles Wagyu-Fleisch wolfen wollen, ist eine Geschmacks- und Preisfrage. Fleisch und Fisch können vor ihrer Verarbeitung auch mariniert werden.
Einige Teile empfehlen sich jedoch besonders:

Rind

Das Fleisch sollte gut abgehangen sein und eine saftig-rote Färbung mit feiner Fettmaserung zeigen. Hier eignen sich zum Beispiel Flanke, Entrecôte, Roastbeef oder auch Nacken. Im Prinzip können Sie verwenden, was Sie mögen, doch je magerer das Fleisch an sich ist, über desto mehr Fettgehalt sollten die anderen Zutaten für die Pattys verfügen.

Kalb

Kalbfleisch ist hellrosa und von feiner Struktur; da es fein im Geschmack ist, sollte es vorsichtig gewürzt werden. Für die Herstellung von Grillburgern eignen sich etwa Schulter und Hüfte.

Schwein

Sein Fleisch ist idealerweise von frischem Rosa und gleichmäßig leicht marmoriert. Rücken, Bauch, Vorder- oder Hinterbeine – hier kommt es im Wesentlichen darauf an, wie fett Sie Ihren Grillburger mögen.

Lamm

Frisches Lammfleisch sollte samtig-rot mit weißem Fett sein. Verwenden Sie zum Beispiel Schulter oder Rücken.

Lammfleisch hat einen intensiven, kräftigen Eigengeschmack und verträgt mehr bzw. hocharomatische, kräftige Gewürze und Kräuter.

Wild

Hier kommt es darauf an, ob Sie sich für Hirsch, Reh, Wildschwein, Kaninchen oder andere Wildarten entscheiden, fragen Sie Ihren Metzger. In jedem Fall hat das Fleisch einen kräftigen Eigengeschmack, dem bei der Zubereitung von Grillburgern Rechnung getragen werden sollte.

Geflügel

Ob Hähnchen, Pute, Ente oder Gans – das feine Fleisch der Brustfilets (am Stück oder vom Metzger gewolft) ist am beliebtesten. In jedem Fall gilt: Geflügelfleisch zügig verarbeiten und die benutzten Küchengeräte nicht für andere Zubereitungen nutzen, sondern erst einmal gründlich reinigen.

Fisch

Fisch und Meeresfrüchte können Sie selbstverständlich auch wolfen. Zu beachten ist jedoch, dass diese Grillburger leicht zerfallen können. Deshalb empfiehlt es sich, Fische bzw. Fischfilets und Meeresfrüchte alternativ als Ganzes oder Filet auf dem Grillburger zu genießen. Wählen Sie fettreiche und zugleich festfleischige Arten (Lachs, Heilbutt, Schwertfisch, Seebarsch, Thunfisch), damit der Burger nicht zu trocken wird, und natürlich Meeresfrüchte (zum Beispiel Tintenfische, Miesmuscheln, Austern, Jakobsmuscheln) ohne Schale. Vor der Verarbeitung können Sie diese unter anderem köstlich marinieren.

Brötchen

Die Buns sind mehr als Beiwerk und müssen deshalb ein kleines Wunder vollbringen: Weich genug sollten sie sein, damit beim Biss in den Burger aus der Hand nicht alles verrutscht und auseinanderfällt. Zugleich sollen sie so feinporig-dicht sein, dass sie nicht zu viel Flüssigkeit aufsaugen und matschig werden.

Neben dem Klassiker, dem Weizenbrötchen (mit oder ohne Sesam, Rezept Seite 60), „dürfen" alle Brötchensorten verwendet werden, solange sie die oben genannten Voraussetzungen erfüllen. Wer es etwas herzhafter mag, entscheidet sich für ein Roggenbrötchen (Rezept Seite 60), wer das Mediterrane bevorzugt, für ein Ciabattabrötchen (Rezept Seite 61).

Sie können auch gekaufte Buns, Kaiser-Brötchen, Brioches oder herzhafte Laugenbrötchen, indisches Naanbrot, türkisches Fladenbrot oder einfach dicke Weißbrotscheiben verwenden.

Kleiner Tipp gegen das Verrutschen der Burger-Bestandteile: vor dem Servieren einen Holzspieß mittig hineinstecken.

Toppings, Dressings, Gewürze & mehr

Was auf den Burger kommt, bestimmen allein Sie, und die Möglichkeiten sind unendlich. Die Zutaten können auch noch durch ihre Zubereitungsart zusätzliche Aromen einbringen: Gewürze können angeröstet, Gemüse gegrillt, Zwiebeln frittiert oder karamellisiert werden, um nur einige Beispiele zu nennen. Wählen Sie zwischen unterschiedlichen Senf-, Ketchup- oder Mayonnaisesorten. Käse sollte anschmelzen und seine Aromen entfalten, aber nicht völlig zerlaufen, von daher sind manche Käsesorten nicht so geeignet wie andere. Auch Käsezubereitungen mit fester Konsistenz (zum Beispiel Obazda) können eine Option sein, dazugereichte saure Sahne oder Kräuterquark eine weitere.

DER HAMBURGER

Für 4 Portionen
Zubereitungszeit: ca. 30 Minuten

Bun
4 Weizenbrötchen mit Sesam (Rezept Seite 60)

Patty

Basics:
600 g Rinderhack
Salz, frisch gemahlener Pfeffer

Fülle & Halt:
1 Brötchen, trocken
ca. 120 ml Milch, lauwarm
1 Zwiebel, fein gewürfelt
2 Eier

Gewürze & Aromen:
3 EL fein gewürfelte rote Paprikaschote
1 Prise Chilipulver
1 TL getrockneter Thymian
1 TL getrockneter Rosmarin

Topping
4 grüne Salatblätter
2 eingelegte Gurken
Tomaten
4 Scheiben Gouda
4 TL Mayonnaise (Rezept Seite 62)
4 TL Ketchup (Rezept Seite 63)

Gutes Fleisch, Salz und, nach Belieben, Pfeffer sind die Basics für ein klassisches Hamburger-Patty – mehr braucht es eigentlich nicht. Brötchen, Zwiebeln und Eier verleihen dem Patty mehr Fülle und halten die Zutaten zusammen, die Menge richtet sich nach dem persönlichen Geschmack. Auch die Zugabe von Gewürzen und Aromen ist beliebig.

1| Das Brötchen würfeln und in der Milch 10 Minuten einweichen, gut ausdrücken. Alle Zutaten bis auf die Gewürze in eine Schüssel geben und gut vermengen. Anschließend nach Belieben mit den Gewürzen abschmecken.

2| Mit feuchten Händen aus dem Teig vier Pattys formen und von jeder Seite etwa 3–4 Minuten grillen. Die Burger-Brötchen halbieren und die Schnittflächen kurz auf dem Grill antoasten.

3| Für die Toppings die Salatblätter waschen und trocken schütteln. Die Gurken in dünne Scheiben schneiden. Die Tomaten waschen und ebenfalls in dünne Scheiben schneiden, dabei den Stielansatz entfernen.

4| Jeweils die untere Brötchenhälfte mit einem Salatblatt, den Gurkenscheiben, dem Patty, einer Scheibe Käse und den Tomatenscheiben belegen. Darauf je 1 TL Ketchup und Mayonnaise geben und die obere Brötchenhälfte aufsetzen.

Dazu schmecken
MARSALA-CHAMPIGNONS

1 Schalotte, fein gehackt
250 g braune Champignons
100 ml Marsala
20 g Butter
Salz, frisch gemahlener Pfeffer
Olivenöl zum Braten

★★★

In einer Pfanne bei mittlerer Hitze die Zwiebelwürfel in Olivenöl glasig braten. Die Champignons putzen, feucht abreiben und in Scheiben schneiden. Zu den Zwiebelwürfeln geben, die Temperatur erhöhen und die Pfanne hin und wieder schwenken. Bei mittlerer Temperatur einige Minuten weiterbraten, dann mit dem Marsala ablöschen. Die Flüssigkeit reduzieren lassen und mit der Butter binden. Abschmecken und servieren.

BUFFALO-RANCH-BURGER

Für 4 Portionen
Zubereitungszeit: ca. 30 Minuten

Bun
4 Roggenbrötchen (Rezept Seite 60)

Patty
1 Brötchen, trocken
ca. 120 ml Milch, lauwarm
600 g Rinderhack (vom Black-Angus-Rind oder vergleichbare Qualität)
3 TL schwarze Oliven, fein gehackt
1 EL Zwiebel, fein gewürfelt
2 Eier
1 Prise Jalapeño-Chili-Pulver
1–2 TL Jerk (jamaikanische Grill-Gewürzmischung)
Salz, frisch gemahlener Pfeffer

Topping
1 kleiner Römersalat
3 EL Aceto balsamico
2 EL Olivenöl
1 EL Waldhonig
1 EL Pinienkerne
4 dicke Scheiben Gorgonzola
Salz, frisch gemahlener Pfeffer

1| Das Brötchen würfeln und in der Milch ca. 10 Minuten einweichen, gut ausdrücken. Alle Zutaten für die Pattys bis auf die Gewürze in eine Schüssel geben und gut vermengen. Anschließend nach Belieben mit den Gewürzen abschmecken.

2| Mit feuchten Händen aus dem Teig vier Pattys formen und von jeder Seite etwa 3–4 Minuten grillen. Die Burger-Brötchen halbieren und die Schnittflächen auf dem Grill kurz antoasten.

3| Für die Toppings den Salat putzen, waschen, die Blätter grob zerzupfen. Aus Aceto balsamico, Olivenöl, Waldhonig und Pinienkernen sowie Salz und Pfeffer ein Dressing herstellen und den Salat damit anrichten. Der Salat sollte nicht zu feucht sein.

4| Den Salat auf den unteren Brötchenhälften anrichten. Patty auflegen und jeweils einer Scheibe Gorgonzola darauf verteilen. Pfeffer grob darübermahlen und die obere Brötchenhälfte aufsetzen. Dazu BBQ-Sauce (Rezept Seite 63) reichen.

Alternativ schmeckt statt des Pattys ein medium gegrilltes Hüftsteak.

CEVAPCICI-BURGER
mit Ajvar

Für 4 Portionen
Zubereitungszeit: ca. 35 Minuten (plus Kochzeit)

Bun
4 Weizenbrötchen (Rezept Seite 60)

Patty
1 Brötchen, trocken
ca. 120 ml Milch, lauwarm
600 g Rinderhack
1 Zwiebel, fein gewürfelt
1 Knoblauchzehe, fein gehackt
2 Eier
2 EL Ajvar (Rezept siehe unten)
1 TL Paprikapulver
1 TL frisch gehackter Thymian
Salz, frisch gemahlener Pfeffer

Topping
Für das Ajvar:
1 Aubergine
1 Knoblauchzehe
3 rote Paprikaschoten
2 EL Olivenöl
1 rote Chilischote
1 EL Zitronensaft
Salz, frisch gemahlener Pfeffer

4 große grüne Salatblätter
1 rote Zwiebel
2 Tomaten

1| Das Brötchen würfeln und in der Milch 10 Minuten einweichen lassen, gut ausdrücken. Alle Zutaten für die Pattys bis auf die Gewürze in eine Schüssel geben und gut vermengen. Anschließend nach Belieben mit den Gewürzen abschmecken.

2| Mit feuchten Händen aus dem Teig vier Pattys formen und von jeder Seite etwa 3–4 Minuten grillen. Die Burger-Brötchen halbieren und die Schnittflächen auf dem Grill kurz antoasten.

3| Für die Toppings ein Ajvar zubereiten. Aubergine und Knoblauch schälen. Paprikaschote entkernen und waschen. Alles in feine Würfel schneiden und in einem Topf bei mittlerer Hitze in 1 EL Olivenöl andünsten. Chilischote entkernen, dann waschen, hacker und ebenfalls in den Topf geben. Das Gemüse mit etwa 8 EL Wass auffüllen, salzen und 10 Minuten kochen. Anschließend pürieren, das restliche Olivenöl und den Zitronensaft unterrühren und mit Salz und Pfeffer pikant abschmecken.

4| Salatblätter waschen und trocken schütteln. Die Zwiebel schälen und in dünne Scheiben schneiden. Die Tomaten waschen und eber falls in Scheiben schneiden, dabei den Stielansatz entfernen.

5| Die unteren Brötchenhälften mit je 1 EL Ajvar bestreichen. Patty auflegen und je einem Salatblatt, Tomatenscheiben und 1 weiterer EL Ajvar daraufgeben. Mit Zwiebelringen belegen, die oberen Brötchenhälften aufsetzen und servieren.

Dazu schmeckt
PIKANTER KRAUTSALAT

★ ★ ★

1 kleiner Weißkohl
1 TL Salz
3 Frühlingszwiebeln
2 Karotten
200 ml milder Weißweinessig
150 ml Rapsöl
75 g Zucker
1 TL Senf

★ ★ ★

Kohlkopf vierteln, waschen, den Strunk entfernen und in feine Streifen hobeln. Das Kraut mit Salz bestreuen und mit den Händen so lange kneten, bis es weich und saftig ist. Frühlingszwiebeln waschen und in feine Ringe schneiden. Die Karotten putzen, schälen und raspeln. Alle Zutaten in eine Salatschüssel geben. Aus Essig, Öl, Zucker, Salz und Senf eine Sauce rühren und mit den übrigen Zutaten vermengen. Den Salat abdecken und einige Stunden ziehen lassen.

Dazu schmeckt
BANANEN-ORANGEN-CHUTNEY

★★★

2 Orangen
2 reife Bananen
Saft von 1 Limette
1 rote Chilischote
Honig

★★★

Eine Orange auspressen, die andere filetieren und fein würfeln. Die Bananen mit einer Gabel zerdrücken und das Mus mit dem Limetten- und Orangensaft vermischen. Die Chilischote entkernen, waschen, fein hacken und mit den Orangenwürfeln zum Chutney hinzufügen. Mit Honig abschmecken.

WASABI-BURGER DE LUXE

Für 4 Portionen
Zubereitungszeit: ca. 35 Minuten

Bun
4 Weizenbrötchen (Rezept Seite 60)

Patty
1 Brötchen, trocken
ca. 120 ml Milch, lauwarm
600 g Rinderhack
1 walnussgroßes Stück Ingwer, gerieben
2 EL fein gehacktes Koriandergrün
1 Msp. Zimt
1 TL gemahlener Kreuzkümmel
2 Eier
Salz, frisch gemahlener Pfeffer

Topping
4 große Eisbergsalatblätter
1 Zitronengrasstängel
400 g Zuckerschoten
6 TL Mayonnaise (Rezept Seite 62)
2 TL Wasabipaste
2 EL Sesamöl
2 EL Sojasauce
1 Prise Zucker
frisch gemahlener Pfeffer

1| Das Brötchen würfeln und in der Milch 10 Minuten einweichen, gut ausdrücken. Alle Zutaten bis auf die Gewürze in eine Schüssel geben und gut vermischen. Anschließend nach Belieben abschmecken.

2| Mit angefeuchteten Händen aus dem Teig vier Pattys formen und von jeder Seite etwa 3–4 Minuten grillen.

3| Für die Toppings die Salatblätter waschen und trocken schütteln. Das Zitronengras ebenfalls waschen und den unteren weißen Teil etwas weich klopfen, in feine Scheiben schneiden und fein hacken. Die Zuckerschoten waschen und putzen. Die Mayonnaise gut mit der Wasabipaste verrühren.

4| In einer Pfanne das Öl erhitzen und das Zitronengras in etwa 2–3 Minuten darin andünsten. Die Zuckerschoten zugeben und bei starker Hitze ca. 1 Minute in der Pfanne schwenken. Mit der Sojasauce ablöschen und mit Zucker und Pfeffer abschmecken.

5| Jeweils die untere Brötchenhälfte mit 1 TL Wasabimayonnaise bestreichen. Jeweils ein Salatblatt und ein Patty auflegen. Die Zuckerschoten auf dem Fleisch arrangieren und das Ganze mit der oberen Brötchenhälfte bedecken.

SURF & TURF

Für 4 Portionen
Zubereitungszeit: ca. 35 Minuten (plus Zeit zum Marinieren)

Bun
4 Weizenbrötchen (Rezept Seite 60)

Patty
4 Rinderfiletsteaks (à 120 g)
100 ml Tomatensaft
60 ml Olivenöl
2 Spritzer Tabasco
2 EL Wodka
1 EL Zitronensaft
1 EL abgeriebene Zitronenschale
1 TL Kreuzkümmel
2 Rosmarinzweige
4 Knoblauchzehen
Salz, frisch gemahlener Pfeffer

Topping
200 g küchenfertige Garnelen (ohne Kopf)
1 rote Zwiebel
4 EL Mayonnaise (Rezept Seite 62)

1| Das Rinderfilet waschen und trocken tupfen. Für die Marinade Tomatensaft mit 30 ml Olivenöl, Tabasco, Wodka, Zitronensaft, 1 TL Zitronenschale und Kreuzkümmel verrühren. Rosmarin waschen, trocken schütteln und die Nadeln hacken. Die Hälfte zur Marinade geben. Zwei Knoblauchzehen schälen und fein hacken. Ebenfalls zur Marinade geben.

2| Das Fleisch in einen ausreichend großen Gefrierbeutel füllen und die Marinade dazugießen. Den Beutel gut verschließen und das Fleisch über Nacht marinieren lassen.

3| Die Garnelen 3 Stunden vor dem Grillen mit dem restlichen Olivenöl, der restlichen Zitronenschale, den restlichen klein gehackten Knoblauchzehen und dem restlichen Rosmarin in einen Gefrierbeutel geben und marinieren.

4| Das Grillgut in ein Sieb geben und gut abtropfen lassen, dann trocken tupfen. Salzen, pfeffern und ca. 6–8 Minuten grillen, dabei ein- bis zweimal wenden. Die Garnelen dazu ggf. auf zuvor gewässerte Spieße stecken.

5| Für die Toppings die Zwiebel schälen und in feine Ringe schneiden. Die unteren Brötchenhälften mit Zwiebelringen und je einem Filet belegen. Je 1 EL Mayonnaise daraufgeben und die Garnelen darauf anrichten. Die zweite Brötchenhälfte aufsetzen und mit je einem kleinen Holzspieß fixieren.

Dazu schmeckt

TOMATEN-CHILI-SALSA

★★★

3 Tomaten
2 rote Zwiebeln
3 EL Rotweinessig
1 EL Honig
1 EL Rapsöl
1 EL Chilipaste
2 EL fein gehacktes Koriandergrün
Salz

★★★

Tomaten waschen, entkernen und fein würfeln. Zwiebeln schälen und fein hacken. Essig mit Honig, Öl, Chilipaste und Koriander verrühren. Alle Zutaten mischen und mit Salz abschmecken.

STEAK-FRITES-BURGER

Für 4 Portionen
Zubereitungszeit: ca. 25 Minuten

Bun
4 Weizenbrötchen mit Sesam (Rezept Seite 60)

Patty
1 Brötchen, trocken
ca. 120 ml Milch, lauwarm
600 g Rinderhack
3 EL fein gewürfelte rote Paprikaschote
1 Zwiebel, fein gewürfelt
2 EL grob gehackte glatte Petersilienblätter
2 Eier
½ TL Chilipulver
1 TL getrockneter Thymian
Salz, frisch gemahlener Pfeffer

Topping
8 Eisbergsalatblätter
120 g Kräuterbutter

1| Das Brötchen würfeln und in der Milch ca. 10 Minuten einweichen, gut ausdrücken. Alle Zutaten für die Pattys bis auf die Gewürze in eine Schüssel geben und gut vermengen. Anschließend nach Belieben mit den Gewürzen abschmecken.

2| Mit feuchten Händen aus dem Teig vier Pattys formen und von jeder Seite etwa 3–4 Minuten grillen. Die Burger-Brötchen halbieren und die Schnittflächen auf dem Grill kurz antoasten.

3| Für die Toppings den Salat waschen, trocken schütteln und die Blätter in feine Streifen schneiden. Die untere, noch warme Brötchenhälfte dünn mit Kräuterbutter bestreichen. Darauf die Salatstreifen anrichten. Patty auflegen und kurz vor dem Servieren jeweils eine dicke Scheibe Kräuterbutter auf das noch warme Patty setzen.

Dazu schmecken knusprige dünne Pommes frites und Kräuter- oder Zitronenmayonnaise (Grundrezept Mayonnaise Seite 62).

BURGER MIT KAFFEEKRUSTE
und Portweinfeigen

Für 4 Portionen
Zubereitungszeit: ca. 45 Minuten

Bun
4 Ciabattabrötchen (Rezept Seite 61)

Patty
80 g Mie de pain (feines Paniermehl aus Weißbrot)
600 g gemischtes Rinder- und Kalbshack
3 EL fein gehackte Aubergine
1 Schalotte, fein gewürfelt
2 Eier
1 Msp. gehackte Chipotle-Chili
1 Msp. gemahlener Lorbeer
Salz, frisch gemahlener Pfeffer

Topping
3 EL Kaffeebohnen
1 TL Pfefferkörner
1 Prise Kardamom
2 EL Traubenkernöl zzgl. etwas zum Bestreichen
1 kleine Aubergine
8 frische Feigen
20 g Butter
2 EL Akazienhonig
300 ml Portwein
1 Prise Zimt
2 Gewürznelken
brauner Zucker
Salz, frisch gemahlener Pfeffer

1| Den Backofen auf der höchsten Stufe vorheizen. Alle Zutaten für die Pattys bis auf die Gewürze in eine Schüssel geben und gut vermengen. Anschließend nach Belieben mit den Gewürzen abschmecken. Mit feuchten Händen aus dem Teig vier Pattys formen und von jeder Seite etwa 2 Minuten grillen. Die Pattys sollten noch nicht ganz durchgegart sein.

2| Für die Toppings Kaffeebohnen, Pfefferkörner und Kardamom in einem Mörser zerstoßen, das Öl dazugeben und alles nochmals miteinander zerstoßen. Auf die Oberseite der Pattys streichen und bei zugeschalteter Grillstufe im Backofen etwa 6–8 Minuten grillen.

3| Die Aubergine waschen, putzen und in dünne Scheiben schneiden. Dünn mit Traubenkernöl bestreichen, würzen und 1–2 Minuten von jeder Seite scharf angrillen. Beiseitelegen.

4| Die Feigen kreuzweise einschneiden und in eine ofenfeste Form setzen. In einem kleinen Topf die Butter zerlassen, Honig und Portwein unterrühren. Zimt und Nelken dazugeben und alles reduzieren lassen, die Nelken entnehmen. Nach Belieben mit Zucker und den anderen Gewürzen abschmecken. Die Feigen mit der Reduktion übergießen und im vorgeheizten Backofen etwa 5 Minuten schmoren.

5| Die Brötchen halbieren. Die unteren Brötchenhälften mit Auberginenscheiben belegen, darauf die Pattys setzen. Die Feigen darauf anrichten und mit der Portweinreduktion beträufeln. Die übrige Reduktion und die oberen Brötchenhälften dazuservieren.

CAESAR'S-SALAD-BURGER

Für 4 Portionen
Zubereitungszeit: ca. 30 Minuten

Bun
4 Weizenbrötchen (Rezept Seite 60)

Patty
1 Brötchen, trocken
ca. 120 ml Milch, lauwarm
600 g Rinderhack
1 Zwiebel, fein gewürfelt
2 Eier
1–2 TL mittelscharfer Senf
1 TL getrockneter Oregano
Salz, frisch gemahlener Pfeffer

Topping
1 Römersalat
2 Eier, hart gekocht
4 EL Mayonnaise (Rezept Seite 62)
2 EL Schmand
50 g geriebener Parmesan
Salz, frisch gemahlener Pfeffer

1| Das Brötchen würfeln und in der Milch 10 Minuten einweichen lassen, gut ausdrücken. Alle Zutaten für die Pattys bis auf die Gewürze in eine Schüssel geben und gut vermengen. Anschließend nach Belieben mit den Gewürzen abschmecken.

2| Mit feuchten Händen aus dem Teig vier Pattys formen und von jeder Seite etwa 3–4 Minuten grillen. Die Burger-Brötchen halbieren und die Schnittflächen auf dem Grill kurz antoasten.

3| Für die Toppings die Salatblätter abzupfen, waschen und trocken schütteln, dann in feine Streifen schneiden. Eier in Scheiben schneiden. In einer kleinen Schüssel Mayonnaise, Schmand und Parmesan verrühren. Mit Salz und Pfeffer würzen.

4| Die unteren Brötchenhälften mit der Mayonnaise bestreichen und etwas Salat aufschichten. Die Pattys und wieder Salat und Mayonnaise darübergeben. Mit Eierscheiben dekorieren. Die oberen Brötchenhälften aufsetzen.

Alternativ schmeckt der Burger mit einer dicken Scheibe Pastrami oder Corned Beef statt des Pattys.

PFIFFERLING-BURGER

Für 4 Portionen
Zubereitungszeit: ca. 30 Minuten (plus Garzeit)

Bun
4 Weizenbrötchen (Rezept Seite 60)

Patty
1 Brötchen, trocken
ca. 120 ml Milch, lauwarm
3 EL Pinienkerne
600 g Rinderhack
3 EL Kapern
1 TL getrockneter Oregano
2 Eier
Salz, frisch gemahlener Pfeffer

Topping
4 große dunkle Eichblattsalatblätter
400 g Pfifferlinge
4 Frühlingszwiebeln
2 EL Butter
4 EL gehackte glatte Petersilie
4 TL BBQ-Sauce (Rezept S. 63)
4 Scheiben Cheddar
Salz, frisch gemahlener Pfeffer

1| Das Brötchen würfeln und in der Milch 10 Minuten einweichen, gut ausdrücken. Die Pinienkerne fein hacken. Alle Zutaten bis auf die Gewürze in eine Schüssel geben und gut vermengen. Anschließend nach Belieben mit den Gewürzen abschmecken.

2| Mit feuchten Händen aus dem Teig vier Pattys formen und von jeder Seite etwa 3–4 Minuten grillen. Die Buns halbieren und die Schnittflächen kurz auf dem Grill antoasten.

3| Für die Toppings die Salatblätter waschen und trocken schütteln. Die Pfifferlinge putzen und ggf. halbieren. Die Frühlingszwiebeln putzen, waschen und in feine Ringe schneiden.

4| In einer Pfanne die Butter zerlassen und die Pilze darin etwa 10 Minuten bei mittlerer Hitze dünsten. Am Ende der Garzeit mit Salz und Pfeffer würzen und mit der Petersilie vermischen.

5| Jeweils die untere Brötchenhälfte mit 1 TL Barbecuesauce beträufeln. Salatblatt und Patty auflegen. Die Pfifferlinge gleichmäßig darauf verteilen und mit den Frühlingszwiebeln garnieren. Zum Schluss mit einer Scheibe Käse belegen. Die obere Brötchenhälfte aufsetzen und mit je einem kleinen Holzspieß fixieren.

BACON-BURGER *mit Steinpilzen*

Für 4 Portionen
Zubereitungszeit: ca. 35 Minuten (plus Bratzeit)

Bun
4 Weizenbrötchen (Rezept Seite 60)

Patty
1 Brötchen, trocken
ca. 120 ml Milch, lauwarm
600 g Schweinehack
2 EL gewürfelter geräucherter Speck
2 Schalotten, fein gehackt
2 Eier
2 EL gehackte getrocknete Steinpilze
1 EL geriebener Parmesan
4 Salbeiblätter, in feinen Streifen
4 Scheiben Bacon
Salz, frisch gemahlener Pfeffer

Topping
2 Scheiben Bacon
250 g Feldsalat
600 g frische Steinpilze
20 g Butter
1 TL Thymianblättchen
½ Knoblauchzehe, fein gehackt
1 EL gehackte glatte Petersilie
2 EL Schmand
Salz, frisch gemahlener Pfeffer
Pflanzenöl zum Braten

1| Das Brötchen würfeln und in der Milch 10 Minuten einweichen, gut ausdrücken. Mit den anderen Zutaten außer den Gewürzen und dem Bacon in eine Schüssel geben und gut vermengen. Anschließend nach Belieben mit den Gewürzen abschmecken.

2| Mit feuchten Händen aus dem Teig vier Pattys formen, die Baconscheiben darumlegen und von jeder Seite etwa 3–4 Minuten grillen. Die Burger-Brötchen halbieren und die Schnittflächen kurz auf dem Grill antoasten.

3| Für die Toppings den Bacon in einer Pfanne knusprig rösten. Aus der Pfanne nehmen, etwas abkühlen lassen und zerbröckeln. Den Feldsalat putzen, waschen und trocken schütteln.

4| Die Steinpilze putzen und in dicke Scheiben schneiden. Etwas Öl in einer Pfanne erhitzen und die Pilze darin anbraten. Butter, Thymian und Knoblauch zufügen und alles weiterbraten. Würzen, die Petersilie und den Schmand unterrühren.

5| Den Feldsalat auf die unteren Brötchenhälften verteilen, mit etwas von dem ausgelassenen Baconfett beträufeln. Den Bacon über den Salat streuen, darauf das Patty anrichten. Mit Steinpilzen bedecken und die oberen Brötchenhälften daraufsetzen.

Dazu BBQ-Sauce (Rezept Seite 63) servieren.

IBÉRICO-BURGER

mit Chorizo

Für 4 Portionen
Zubereitungszeit: ca. 35 Minuten

Bun
4 Roggenbrötchen (Rezept Seite 60)

Patty
1 Brötchen, trocken
ca. 120 ml Milch, lauwarm
600 g Schweinehack
2 EL gewürfelter geräucherter Speck
1 rote Zwiebel, fein gewürfelt
1 Knoblauchzehe, fein gewürfelt
2 Eier
2 EL gehackte rote Paprikaschote
1 EL rote Paprikapaste
1 Msp. mittelscharfes Pimentón de la Vera
   (spanisches Paprikapulver)
Meersalz
frisch gemahlener Pfeffer

Topping
200 g Manchego
150 g Chorizo
2 mittelgroße Kumato-Tomaten
reichlich Aioli (Rezept Seite 62) zum
   Bestreichen, Garnieren und Dazureichen

1| Das Brötchen würfeln und in der Milch 10 Minuten einweichen, gut ausdrücken. Mit den anderen Zutaten außer den Gewürzen in eine Schüssel geben und gut vermengen. Anschließend nach Belieben mit den Gewürzen kräftig abschmecken.

2| Mit feuchten Händen aus dem Teig vier Pattys formen und von jeder Seite etwa 3–4 Minuten grillen.

3| Für die Toppings den Manchego in dünne Scheiben, die Chorizo in hauchfeine Scheiben schneiden. Die Tomaten waschen und ebenfalls in Scheiben schneiden, dabei den Stielansatz entfernen.

4| Die Burger-Brötchen halbieren. Jeweils die untere Brötchenhälfte mit Aioli bestreichen. So mit Manchegoscheiben belegen, dass die Käsedreiecke über die Brötchen hinausragen. Locker mit Chorizoscheiben bedecken und die Pattys darauf anrichten. Mit den Tomatenscheiben belegen und reichlich Aioli daraufgeben. Die obere Brötchenhälfte anlegen. Mit mehr Aioli servieren.

Dazu schmeckt

GEGRILLTE GRÜNE PAPRIKA

★ ★ ★

16 kleine grüne Paprikaschoten
(Pimientos de Padrón)
Olivenöl zum Beträufeln
Meersalz zum Bestreuen

★ ★ ★

Die Paprikaschoten putzen, waschen, mit Olivenöl beträufeln und weich grillen. Alternativ in einer Pfanne mit Olivenöl scharf anbraten und in 4–6 Minuten weich garen. Mit reichlich Meersalz bestreut servieren.

Dazu schmeckt
MANGO-CHILI-SALSA

★★★

1 große reife Mango
1 rote Zwiebel
½ frische rote Chilischote
2 EL Öl
Saft von 1 Limette
1 TL brauner Zucker
Salz

★★★

Mango schälen und in Stücken vom Kern schneiden, das Fruchtfleisch fein würfeln. Zwiebel schälen und würfeln. Chili entkernen, waschen und die Schote fein hacken. Alle Zutaten mit Öl, Limettensaft, Salz und Zucker verrühren, vor dem Servieren etwa 20 Minuten durchziehen lassen.

CURRY-BURGER

Für 4 Portionen
Zubereitungszeit: ca. 30 Minuten

Bun
4 Weizenbrötchen (Rezept Seite 60)

Patty
1 Brötchen, trocken
ca. 120 ml Milch, lauwarm
600 g Schweinehack
1 walnussgroßes Stück Ingwer, gerieben
1 Zwiebel, fein gewürfelt
2 Eier
1–2 TL Currypulver
Salz, frisch gemahlener Pfeffer

Topping
4 große grüne Friséesalatblätter
1 rote Zwiebel
4 EL Mayonnaise (Rezept Seite 62)

1| Das Brötchen würfeln und in der Milch 10 Minuten einweichen, gut ausdrücken. Alle Zutaten bis auf die Gewürze in eine Schüssel geben und gut vermengen. Anschließend nach Belieben mit den Gewürzen abschmecken.

2| Mit feuchten Händen aus dem Teig vier Pattys formen und von jeder Seite etwa 3–4 Minuten grillen. Die Burger-Brötchen halbieren und die Schnittflächen kurz auf dem Grill antoasten.

3| Für die Toppings die Salatblätter waschen und trocken schütteln. Die Zwiebel schälen und in dünne Scheiben schneiden.

4| Je 1 TL Mayonnaise auf der unteren Brötchenhälfte verstreichen. Je ein Salatblatt und das Patty darauflegen. Die restliche Mayonnaise und die Zwiebelringe auf die Burger verteilen. Die oberen Brötchenhälften auflegen.

PARMASCHINKEN-BURGER

mit Mozzarella

Für 4 Portionen
Zubereitungszeit: ca. 30 Minuten

Bun
4 Ciabattabrötchen (Rezept Seite 61)

Patty
1 Brötchen, trocken
ca. 120 ml Milch, lauwarm
600 g Schweinehack
2 EL gewürfelter milder Speck
1 Zwiebel, fein gewürfelt
2 Eier
2 festfleischige, kleine Tomaten, gehackt
1 EL Tomatenmark
1 EL gehackte krause Petersilie
1 EL Pinienkerne
1 EL Balsamico zzgl. etwas zum Garnieren
½ TL Paprikapulver
Meersalz
frisch gemahlener Pfeffer

Topping
150 g Rucola
2 EL weißer Balsamico
2 EL Olivenöl
12 Scheiben Parmaschinken
300 g Mozzarella affumicata
Salz, frisch gemahlener Pfeffer

1] Das Brötchen würfeln und in der Milch 10 Minuten einweichen, gut ausdrücken. Mit den anderen Zutaten außer den Gewürzen in eine Schüssel geben und gut vermengen. Anschließend nach Belieben mit den Gewürzen abschmecken.

2] Mit feuchten Händen aus dem Teig vier Pattys formen und von jeder Seite etwa 3–4 Minuten grillen.

3] Für die Toppings den Rucola waschen und trocken schütteln, große Blätter grob zerzupfen. Aus Balsamico, Olivenöl und den Gewürzen ein Dressing anrühren und den Salat damit nicht zu feucht marinieren.

4] Die Burger-Brötchen halbieren. Jeweils die untere Brötchenhälfte mit Salat bedecken, darauf das Patty anrichten. Den Mozzarella in dicke Scheiben schneiden und auf das Patty legen. Je drei Scheiben Parmaschinken locker darauf verteilen. Mit weißem Balsamico beträufeln und mit etwas Salz und Pfeffer würzen. Die obere Brötchenhälfte auflegen.

Dazu schmeckt
HASELNUSS-PESTO

★★★

2 Bund glatte Petersilie
8 große Basilikumblätter
75 g Haselnüsse
2 Knoblauchzehen
60 ml Olivenöl
1 EL Nussöl
3 EL geriebener Parmesan
Salz, frisch gemahlener Pfeffer

★★★

Petersilie und Basilikumblätter waschen und trocken schütteln. Mit den Haselnüssen und den Knoblauchzehen im Mixer fein pürieren. Die Öle langsam einfließen lassen, Parmesan unterrühren und abschmecken. Das Pesto statt des Aceto balsamicos großzügig auf die Mozzarellascheiben träufeln. Wer die Haselnüsse durch mehr Kräuter ersetzt, genießt ein köstliches Pesto verde.

WILDSCHWEIN-BURGER
mit Rosenkohl

Für 4 Portionen
Zubereitungszeit: ca. 30 Minuten (plus Kochzeit)

Bun
4 Roggenbrötchen (Rezept Seite 60)

Patty
600 g Wildschweinhack
3 Schalotten, fein gewürfelt
80 g gewürfelter ungeräucherter Speck
½ kleine Sellerieknolle, gerieben
4 EL Paniermehl
2 Eier
1 TL Tomatenmark
½ TL Kreuzkümmel
1 TL frisch gehackter Rosmarin
1 Prise gemahlener Piment
Salz, frisch gemahlener Pfeffer

Topping
400 g Rosenkohl
20 g Butter
geriebene Muskatnuss
100 g gewürfelter Kochschinken
Haselnusspesto zum Bestreichen
    (Rezept Seite 33)
4 Scheiben Gouda
Salz, frisch gemahlener Pfeffer

1| Für die Toppings den Rosenkohl waschen, putzen und in Salzwasser etwa 7–8 Minuten blanchieren. Die Röschen halbieren, große vierteln. In einem Topf die Butter zerlassen und den Rosenkohl darin schwenken. Mit den Gewürzen abschmecken und die Schinkenwürfel unterrühren, ggf. noch etwas Butter zugeben.

2| Für die Pattys das Hackfleisch in eine Schüssel geben und mit den restlichen Zutaten gut vermengen. Zum Schluss mit Salz und Pfeffer abschmecken. Mit feuchten Händen aus dem Teig vier Pattys formen und von jeder Seite etwa 4–5 Minuten grillen. Die Brötchen halbieren und die Schnittflächen auf dem Grill antoasten.

3| Die unteren Brötchenhälften mit Haselnusspesto bestreichen. Die noch heißen Pattys darauflegen und mit den Käsescheiben bedecken, sie sollten schmelzen. Darauf den Rosenkohl anrichten und die oberen Brötchenhälften aufsetzen.

Dazu schmecken frische Bratkartoffeln.

REH-BURGER MIT QUITTEN
und Preiselbeer-Relish

Für 4 Portionen
Zubereitungszeit: ca. 40 Minuten (plus Kochzeit)

Bun
4 Roggenbrötchen (Rezept Seite 60)

Patty
600 g Rehhack
3 Schalotten, fein gewürfelt
150 g ungeräucherter Speck, gewürfelt
4 EL Paniermehl, 2 Eier
1 TL Dijonsenf
1 TL frisch gehackter Thymian
1 TL frisch gehackter Rosmarin
1 TL Abrieb von 1 unbehandelten Orange
Salz, frisch gemahlener Pfeffer

Topping
320 g Quitten (Birnenquitten)
50 g brauner Zucker
250 ml roter Süßwein (z. B. Marsala)
1 Msp. Zimt
Speisestärke zum Binden nach Belieben

Für das Preiselbeer-Relish:
1 Chilischote, 2 große rote Zwiebeln
1 Birne
1 EL Sonnenblumenöl, 50 ml Weißweinessig
Saft von 1 Orange
250 g Preiselbeeren (aus dem Glas)
   zzgl. einige zum Bestreuen
100 g brauner Zucker, 1 Prise Salz

1| Das Hackfleisch in eine Schüssel geben und mit den restlichen Zutaten gut vermengen. Zum Schluss mit Salz und Pfeffer abschmecken. Mit feuchten Händen aus dem Teig vier Pattys formen und von jeder Seite etwa 4–5 Minuten grillen. Die Brötchen halbieren und die Schnittflächen auf dem Grill antoasten.

2| Für die Toppings die Quitten vierteln, schälen und das Kerngehäuse entfernen. In Spalten schneiden. In einer Pfanne den Zucker leicht karamellisieren und mit dem Wein ablöschen. Die Quitten darin dünsten, bis sie beginnen, weich zu werden, mit Zimt abschmecken. Eventuell etwas Wein nachgießen und reduzieren lassen. Nach Belieben 1 EL von der Flüssigkeit entnehmen und mit 1 TL Stärke verrühren, zu den Quitten geben und die Flüssigkeit binden.

3| Für das Relish die Chilischote halbieren, entkernen, waschen und fein schneiden. Die Zwiebeln schälen und fein würfeln. Die Birne schälen, vierteln, entkernen und in grobe Stücke schneiden.

4| In einem Topf das Öl erhitzen und die Chili- und Zwiebelstücke darin anschwitzen. Mit Essig und Orangensaft ablöschen. Danach die Preiselbeeren, die Birnenstücke und den Zucker unterheben. 1 Prise Salz zufügen und alles bei mäßiger Hitze köcheln lassen, bis die Mischung eingedickt ist. Abkühlen lassen.

5| Die unteren Brötchenhälften dick mit dem Preiselbeer-Relish bestreichen. Die Pattys auflegen und diese mit den Quittenspalten belegen. Mit der Weinreduktion beträufeln und einige Preiselbeeren darüberstreuen. Die obere Brötchenhälfte dazureichen.

Dazu schmeckt
GRANATAPFEL-RELISH

★★★

2 Granatäpfel
1 Schalotte
2 EL fein gehackte Basilikumblätter
1 TL geriebener Ingwer
2 EL Olivenöl
4 EL Apfelessig
1 Msp. Zimt
1 Msp. Chilipulver
Salz, frisch gemahlener Pfeffer

★★★

Die Granatäpfel halbieren und die Kerne herauslösen. Die Schalotte schälen und fein hacken. In einer Schüssel Granatapfelkerne und Schalottenwürfel mit dem Basilikum und dem Ingwer mischen. Olivenöl und Apfelessig zugeben und das Ganze nach Belieben würzen. Vor dem Servieren etwa 30 Minuten durchziehen lassen.

LAMM-SPINAT-BURGER

Für 4 Portionen
Zubereitungszeit: ca. 35 Minuten (plus Zeit zum Dünsten)

Bun
4 Roggenbrötchen (Rezept Seite 60)

Patty
1 Brötchen, trocken
ca. 120 ml Milch, lauwarm
10 schwarze Oliven ohne Stein
600 g Lammhack
1 Schalotte, gewürfelt
2 Eier
1 Knoblauchzehe
½ TL gemahlener Kreuzkümmel
1 TL scharfes Paprikapulver
Salz, frisch gemahlener Pfeffer

Topping
5 TL Mayonnaise (Rezept Seite 62)
3 TL Meerrettich
500 g zarter frischer Blattspinat
500 g Lauch
2 EL Butter
4 EL Paniermehl
100 g frisch geriebener Parmesan
1 Msp. geriebene Muskatnuss
2 EL gehackte glatte Petersilienblätter
Salz, frisch gemahlener Pfeffer

1| Für die Pattys das Brötchen würfeln und in der Milch 10 Minuten einweichen, gut ausdrücken. Die Oliven klein schneiden. Das Hack und die restlichen Zutaten bis auf die Gewürze und den Knoblauch in eine Schüssel geben und gut vermischen. Anschließend die Knoblauchzehe schälen, durch eine Knoblauchpresse drücken und unterkneten. Den Teig mit den Gewürzen nach Belieben abschmecken.

2| Mit angefeuchteten Händen aus dem Teig vier Pattys formen und von jeder Seite etwa 4–5 Minuten grillen. Die Brötchen halbieren und die Schnittflächen auf dem Grill antoasten.

3| Für die Toppings die Mayonnaise mit dem Meerrettich verrühren. Die Spinatblätter waschen und gut abtropfen lassen. Die Lauchstangen waschen, putzen und in dünne Scheiben schneiden.

4| In einer Pfanne die Butter zerlassen und die Lauchringe darin 8–10 Minuten andünsten. Den Spinat zugeben und die Blätter leicht zusammenfallen lassen. Vom Herd nehmen. Sollte die Mischung zu flüssig sein, das Gemüse in einem Sieb etwas abtropfen lassen. In einer Schüssel den Lauch und den Spinat mit dem Paniermehl und dem Parmesan mischen. Mit den Gewürzen abschmecken.

5| Die untere Brötchenhälfte mit je 1 TL Meerrettich-Mayonnaise bestreichen. Die Spinat-Lauch Mischung auf den Buns verteilen und je einen Patty auflegen. Mit der gehackten Petersilie bestreuen. Die oberen Brötchenhälften gleichmäßig mit der restlichen Mayonnaise bestreichen und anlegen.

KÜRBIS-HALLOUMI-BURGER

Für 4 Portionen
Zubereitungszeit: ca. 35 Minuten

Bun
4 Ciabattabrötchen (Rezept Seite 61)

Patty
1 Brötchen, trocken
ca. 120 ml Milch, lauwarm
600 g Lammhack
1 Schalotte, fein gewürfelt
2 Eier
½ Zucchini
100 g Halloumi
1 Knoblauchzehe
½ TL gemahlener Ingwer
1 TL getrockneter Thymian
Salz, frisch gemahlener Pfeffer

Topping
120 g Halloumi
1 Schalotte, fein gewürfelt
200 g geputzter Kürbis
100 ml Gemüsebrühe
20 g Butter
1 TL Thymianblättchen
1 Msp. Zimt, ½ TL Currypulver
2 EL gehackte Kürbiskerne
2 EL Kräuterfrischkäse
frisch gemahlener Pfeffer
Olivenöl zum Anbraten

1| Das Brötchen würfeln und in der Milch 10 Minuten einweichen, gut ausdrücken. Mit dem Hack, den Schalottenwürfeln und den Eiern in eine Schüssel geben und gut vermengen. Die Zucchini waschen, putzen und grob reiben. Den Halloumi grob hacken. Anschließend die Knoblauchzehe schälen und durch eine Knoblauchpresse drücken. Zucchini, Käse und Knoblauch unter den Teig kneten. Den Teig mit den Gewürzen nach Belieben abschmecken.

2| Mit feuchten Händen aus dem Teig vier Pattys formen und von jeder Seite etwa 4–5 Minuten grillen.

3| Für die Toppings den Halloumi längs halbieren und von beiden Seiten grillen, bis er etwas Farbe angenommen hat, er sollte jedoch nicht zu zäh werden. In Alufolie warm halten.

4| In einer großen Pfanne die Schalottenwürfel in etwas Öl glasig dünsten. Das Kürbisfleisch zugeben und kurz schmoren. Mit Gemüsebrühe löschen und zu Ende garen. Mit der Butter binden, Thymian und Gewürze unterrühren und nochmals abschmecken. In einer trockenen Pfanne die Kürbiskerne anrösten.

5| Die Ciabattabrötchen halbieren und mit Frischkäse bestreichen. Die Pattys darauflegen und mit reichlich Gewürzkürbis bedecken. Den gegrillten Halloumi in Segmente schneiden und gitterartig darüberlegen. Mit den Kürbiskernen bestreuen und die oberen Brötchenhälften anlegen und mit je einem Holzspieß fixieren.

TERIYAKI-BURGER

Für 4 Portionen
Zubereitungszeit: ca. 35 Minuten (plus Zeit zum Marinieren)

Bun
4 Weizenbrötchen mit Sesam (Rezept Seite 60)

Patty
4 Hähnchenbrustfilets (à 125 g)
4 EL Sojasauce
2 EL Sherry
1 EL geriebener Ingwer
1 Knoblauchzehe, fein gehackt
1 TL Honig

Topping
100 g Rucola
1 Fleischtomate
1 Zwiebel
3 Fl mittelscharfer Senf
1 EL Honig
3 EL Vollmilchjoghurt
1 EL weißer Balsamico
2 EL Olivenöl
Salz, frisch gemahlener Pfeffer

1| Hähnchenfleisch waschen und trocken tupfen. Für die Marinade die übrigen Zutaten gut verquirlen. Das Fleisch in einen ausreichend großen Gefrierbeutel füllen und die Marinade dazugießen. Den Beutel gut verschließen und das Fleisch über Nacht marinieren lassen.

2| Die Hähnchenfilets abtropfen lassen und von jeder Seite 5–10 Minuten grillen, bis sie gar und goldbraun sind. Die Burger-Brötchen halbieren und die Schnittflächen auf dem Grill kurz antoasten.

3| Für die Toppings den Rucola waschen und trocknen. Die Tomate waschen und in Scheiben schneiden, dabei die Stielansätze entfernen. Die Zwiebel schälen und ebenfalls in Scheiben schneiden.

4| Senf, Honig, Joghurt und Balsamico gut verrühren und zum Schluss das Öl untermixen, bis eine cremige Sauce entsteht. Mit Salz und Pfeffer abschmecken.

5| Die unteren Brötchenhälften mit etwas Rucola belegen. Hähnchenfilets auflegen und darauf nacheinander die Tomatenscheiben, den restlichen Rucola und die Zwiebelringe anrichten. Mit Honig-Senf-Dressing beträufeln. Die oberen Brötchenhälften auflegen und mit je einem Holzspieß fixieren.

MANGO-CHICKEN-BURGER

Für 4 Portionen
Zubereitungszeit: ca. 30 Minuten

Bun
4 Weizenbrötchen (Rezept Seite 60)

Patty
600 g Geflügelhack (vom Metzger)
1 kleine Zwiebel, gehackt
abgeriebene Schale von 1 unbehandelten Zitrone
2 EL Schmand
1 Ei
4 EL Semmelbrösel
1 TL Pul Biber (türkische scharfe Paprikaflocken)
Salz, frisch gemahlener Pfeffer

Topping
1 reife Mango
1 Radicchio
2 EL Limettensaft
1 EL Honig
30 g Haselnusskerne
100 g Frischkäse
3 Korianderzweige nach Belieben

1| Die Zutaten für die Pattys bis auf die Gewürze in eine Schüssel geben und gut vermengen, anschließend mit Salz und Pfeffer abschmecken.

2| Mit feuchten Händen aus dem Teig vier Pattys formen und von jeder Seite etwa 3–4 Minuten grillen. Die Burger-Brötchen halbieren und die Schnittflächen auf dem Grill kurz antoasten.

3| Für die Toppings die Mango schälen, Fruchtfleisch vom Kern lösen und in Streifen schneiden. Den Radicchio waschen, trocken schleudern und in feine Streifen schneiden. Limettensaft mit Honig verrühren und mit dem Radicchio vermischen. Die Haselnusskerne grob hacken.

4| Die unteren Brötchenhälften mit Frischkäse bestreichen und die Pattys auflegen. Mango und Radicchio darauf verteilen und Haselnüsse darüberstreuen. Nach Belieben mit Korianderblättchen dekorieren. Mit den oberen Brötchenhälften bedecken.

TANDOORI-BURGER
mit Curry-Blumenkohl

Für 4 Portionen
Zubereitungszeit: ca. 30 Minuten (plus Kochzeit)

Bun
1 Naanbrot mit Sesam

Patty
600 g Geflügelhack (vom Metzger)
1 kleine Zwiebel, gehackt
1 TL Zitronenabrieb, 2 EL Lassi
4 EL Paniermehl
2 EL gehackte Trockenpflaumen
1 Ei, 1 TL Tandoori-Gewürz für Hähnchen
1 Msp. gemahlener Kardamom
1 TL geriebener Ingwer
Salz, frisch gemahlener Pfeffer

Topping
2 rote Paprikaschoten, 200 g Blumenkohl
200 g grüne Bohnen (aus dem Glas)
2 EL Sojaöl, 1 Zwiebel, fein gehackt
2 EL rote Currypaste, 150 ml Kokosmilch
3 Kaffir-Limettenblätter, Zucker, Salz

Für die Currysauce:
2 kleine reife Tomaten, 2 EL Pflanzenöl
1 TL Senfsaat, 2 EL Chiliflocken
2 Zwiebeln, fein gehackt
½ TL gemahlener Koriander
½ TL Garam Masala, ½ TL gemahlene Kurkuma
½ TL Cayennepfeffer
100 ml Kokosmilch
Salz, frisch gemahlener Pfeffer

1) Die Zutaten für die Pattys bis auf die Gewürze in eine Schüssel geben und gut vermengen, anschließend mit den Gewürzen abschmecken. Mit feuchten Händen aus dem Teig vier Burger formen und von jeder Seite etwa 3–4 Minuten grillen. Die Naanbrote halbieren und auf dem Grill antoasten.

2) Für die Toppings die Paprika putzen, entkernen und waschen. Eine Paprika vierteln, die andere in feine Streifen schneiden. Die Viertel auf dem Grill rösten. Den Blumenkohl putzen, waschen und in Röschen teilen. Die Bohnen halbieren oder vierteln.

3) In einer Pfanne das Sojaöl erhitzen und darin die Zwiebelwürfel mit der Currypaste anbraten. Mit Kokosmilch löschen. Die Kaffir-Limettenblätter zugeben und alles einkochen lassen, ggf. weitere Kokosmilch zugeben. Die Limettenblätter entnehmen, dann Paprikastreifen und Blumenkohl unterrühren. So lange köcheln, bis die Gemüse weich sind, dann die Bohnen zufügen. Mit Zucker und Salz abschmecken.

4) Für die Sauce die Tomaten waschen und vierteln, dabei die Stielansätze entfernen. Das Öl in einer Pfanne erhitzen und die Senfkörner darin unter Rühren zum Platzen bringen. Chiliflocken und Zwiebeln zugeben und Letztere weich schmoren. Die übrigen Gewürze und die Tomaten zugeben und weitere 5 Minuten schmoren. Kokosmilch angießen und alles zu einer sämigen Sauce reduzieren lassen.

5) Eine Brothälfte mit etwas Currysauce bestreichen und mit gegrillter Paprika belegen. Darauf ein Patty anrichten. Den Curryblumenkohl daraufhäufeln und die andere Brothälfte aufsetzen. Mit Holzstäbchen fixieren und mit der restlichen Currysauce servieren.

STRAUSSEN-BURGER

Für 4 Portionen
Zubereitungszeit: ca. 35 Minuten (plus Zeit zum Marinieren)

Bun
4 Weizenbrötchen (Rezept Seite 60)

Patty
4 Straußenfiletsteaks (à 120 g)
5 EL Olivenöl
1 EL Zitronensaft
1 Rosmarinzweig
2 Lorbeerblätter
2 Knoblauchzehen
Salz, frisch gemahlener Pfeffer

Topping
30 g Pinienkerne
150 g Friséesalat
3 TL Balsamico
3 EL Olivenöl
1 TL Senf
½ TL Honig
4 frische Feigen
4 kleine Ziegenfrischkäse

1| Das Straußenfilet waschen und trocken tupfen. Für die Marinade Olivenöl mit Zitronensaft verrühren. Rosmarinnadeln abstreifen und mit den Lorbeerblättern zur Marinade geben. Knoblauchzehen schälen, fein hacken und ebenfalls zur Marinade geben.

2| Das Fleisch in einen ausreichend großen Gefrierbeutel füllen und die Marinade dazugießen. Den Beutel gut verschließen und das Fleisch über Nacht marinieren lassen.

3| Das Fleisch gut abtropfen lassen und trocken tupfen, dann salzen und pfeffern. Das Fleisch ca. 8 Minuten grillen, dabei ein- bis zweimal wenden.

4| Für die Toppings die Pinienkerne in einer Pfanne ohne Fett goldbraun rösten. Friséesalat putzen, waschen, trocken schütteln und in mundgerechte Stücke zupfen. Aus Balsamico, Öl, Senf und Honig ein Dressing rühren und mit dem Salat mischen. Feigen in Scheiben schneiden. Ziegenkäse einmal waagerecht durchschneiden.

5| Die unteren Brötchenhälften mit je einem Filet belegen. Marinierten Salat darauf verteilen. Feigenscheiben fächerartig auflegen, darüber je zwei Käsescheiben arrangieren. Mit den Pinienkernen bestreuen. Die zweite Brötchenhälfte aufsetzen und mit je einem Holzstäbchen fixieren.

Dazu schmeckt
ROUILLE

★★★

1 gelbe Paprikaschote
1 EL Olivenöl
2 Scheiben trockenes Baguette
1 frische rote Chilischote
2 Knoblauchzehen
1 EL Weißwein
250 g Mayonnaise (Rezept Seite 62)
Salz

★★★

Die Paprikaschote längs halbieren, entkernen, waschen, trocknen und in Würfel schneiden. In einer Pfanne das Öl erhitzen und die Paprika darin etwa 3 Minuten anbraten. Die Brotscheiben entrinden und in Wasser einweichen. Nicht zu fest ausdrücken und in eine Schüssel geben. Die Chilischote halbieren, entkernen, waschen und in feine Scheiben schneiden. Die Knoblauchzehen schälen und ebenfalls zerkleinern. Paprika, Chili und Knoblauch mit etwas Salz im Mixer pürieren. Das Brot und den Wein zugeben und unterheben. Die sämige Paste unter die Mayonnaise rühren. Sollte die Mischung zu dünnflüssig sein, etwas mehr Brot hinzufügen.

NY-DELI-BURGER
mit Garnelen

Für 4 Portionen
Zubereitungszeit: ca. 30 Minuten (plus Zeit zum Ziehen)

Bun
4 Roggenbrötchen (Rezept Seite 60)

Patty
Saft von 1 Limette
2 EL Olivenöl
1 Knoblauchzehe
2 Zweige Thymian
500 g große küchenfertige Garnelen
Salz, frisch gemahlener Pfeffer

Topping
200 g Rucola
½ Salatgurke
abgeriebene Schale von 1 unbehandelten Limette
1 TL Limettensaft
4 TL Mayonnaise (Rezept Seite 62)
2 Kerbelstängel
Salz, Pfeffer

1| Für die Marinade der Garnelen in einer größeren Schüssel Limettensaft, Öl, Salz und Pfeffer vermischen. Die Knoblauchzehe schälen und in die Marinade pressen. Thymian waschen, trocken schütteln und die Blättchen abzupfen. Die Thymianblättchen fein hacken und hinzufügen. Die Garnelen abspülen, trocken tupfen, in die Marinade geben und kurze Zeit ziehen lassen.

2| In der Zwischenzeit den Rucola waschen und trocknen. Die Gurke waschen, schälen und in Scheiben schneiden. Die Limettenschale und den -saft mit der Mayonnaise vermischen.

3| Die Garnelen auf dem Grill in 2–4 Minuten garen. Dazu die Meeresfrüchte entweder auf Holzspieße stecken oder in eine mit Öl ausgepinselte Grillschale füllen. Die Reste der Marinade aufbewahren. Die Brötchen halbieren und die Schnittflächen kurz auf dem Grill antoasten.

4| Die untere Brötchenhälfte mit je 1 TL Limettenmayonnaise bedecken. Die Gurkenscheiben auf dem Brötchen verteilen und mit Salz und Pfeffer würzen. Den Rucola dazugeben und mit der restlichen Marinade beträufeln. Die Garnelen auf dem Salat arrangieren. Den Kerbel waschen und trocken schütteln. Die Kerbelblättchen vom Stängel zupfen und den Burger damit dekorieren. Die zweite Brötchenhälfte aufsetzen

FISCH-BURGER

mit Dilldressing

Für 4 Portionen
Zubereitungszeit: ca. 35 Minuten

Bun
4 Weizenbrötchen (Rezept Seite 60)

Patty
2 Brötchen, trocken
ca. 200 ml Milch, lauwarm
600 g Seelachsfilet
1 Zwiebel, fein gewürfelt
1 EL gehackte krause Petersilie
1 TL gehackter Estragon
1–2 Eier
geriebene Kartoffel bei Bedarf
Paniermehl
Salz, frisch gemahlener Pfeffer

Topping
1 Schälchen Brunnenkresse
½ Salatgurke
1 rote Zwiebel
100 g saure Sahne
2 EL gehackter Dill
1 Spritzer Zitronensaft
Salz, frisch gemahlener Pfeffer

1] Die Brötchen würfeln und 10 Minuten in der Milch einweichen, gut ausdrücken. Das Fischfilet mit dem Fleischwolf etwas gröber oder mit dem Pürierstab fein zerkleinern. Alle Zutaten bis auf die Gewürze und das Paniermehl in eine Schüssel geben und gut vermengen. Ist der Teig zu trocken, etwas Wasser, ein zusätzliches Ei oder etwas geriebene Kartoffel unterkneten. Den Teig mit den Gewürzen nach Belieben abschmecken.

2] Mit feuchten Händen aus dem Teig vier Pattys formen und vorsichtig im Paniermehl wälzen. Von jeder Seite etwa 3–4 Minuten vorsichtig grillen. Die Burger-Brötchen halbieren und die Schnittflächen kurz auf dem Grill antoasten.

3] Für die Toppings die Brunnenkresse abschneiden, waschen, trocknen und grob hacken. Die Salatgurke schälen und in Scheiben schneiden. Die Zwiebel schälen und ebenfalls in Scheiben schneiden. Saure Sahne mit Dill verrühren und mit Zitronensaft, Salz und Pfeffer abschmecken.

4] Die unteren Brötchenhälften mit etwas Brunnenkresse belegen und die Pattys darauf platzieren. Gurken- und Zwiebelscheiben darauf arrangieren und mit Brunnenkresse abschließen. Dilldressing darüber verteilen. Mit den oberen Brötchenhälften bedecken.

Dazu schmeckt KRÄUTERDIP

★★★

200 g Doppelrahmfrischkäse
100 g Sahnequark
4 EL gehackte Kräuter (z. B. Schnittlauch, Kerbel, Estragon)
1 EL Zitronensaft
Salz, frisch gemahlener Pfeffer

★★★

Frischkäse mit Quark und Kräutern gut verrühren, dann mit Zitronensaft, Salz und Pfeffer abschmecken.

VEGGIE-BURGER

mit Kräuterdip

Für 4 Portionen
Zubereitungszeit: ca. 30 Minuten (plus Quellzeit)

Bun
4 Roggenbrötchen (Rezept Seite 60)

Patty
1 EL Öl
1 Zwiebel, fein gewürfelt
150 g Grünkernschrot
Gemüsebrühe zum Quellen
1 Karotte
2 EL gehackte Petersilie
1–2 Eier
geriebene Kartoffel bei Bedarf
Salz, frisch gemahlener Pfeffer

Topping
4 große Kopfsalatblätter
2 Tomaten
½ Bund Radieschen
1 rote Zwiebel
4 EL Ketchup (Rezept S. 63)

1| Das Öl in einer Pfanne erhitzen und die Zwiebel darin glasig dünsten. Grünkern und Gemüsebrühe zugeben. Grünkernschrot etwa 10 Minuten quellen, dann abkühlen lassen. Währenddessen die Karotte putzen, schälen und fein raspeln. Karotte, Petersilie und ein Ei zur abgekühlten Grünkernmischung geben und gut einarbeiten. Ist der Teig zu trocken, etwas Wasser, ein zusätzliches Ei oder etwas geriebene Kartoffel unterkneten. Den Teig mit den Gewürzen nach Belieben abschmecken.

2| Mit feuchten Händen aus dem Teig vier Pattys formen und von jeder Seite etwa 6 Minuten vorsichtig grillen.

3| Für die Toppings die Salatblätter waschen und trocken schütteln. Die Tomaten und die Radieschen waschen, putzen und in Scheiben schneiden. Die Zwiebel schälen und ebenfalls in Scheiben schneiden.

4| Die unteren Brötchenhälften mit Ketchup bestreichen und die Salatblätter darauf verteilen. Die Pattys auflegen und Tomaten-, Radieschen- und Zwiebelscheiben darauf arrangieren. Die oberen Brötchenhälften auflegen und mit je einem Holzspieß fixieren.

BÄRLAUCH-KÄSE-BURGER

Für 4 Portionen
Zubereitungszeit: ca. 35 Minuten

Bun
4 Weizenbrötchen (Rezept Seite 60)

Patty
400 g Halloumi
1 rote Chilischote
1 Rosmarinzweig
4 EL Olivenöl
1 EL Zitronensaft
2 Knoblauchzehen
Salz, frisch gemahlener Pfeffer

Topping
1 Aubergine
1 Zucchini
2 rote Zwiebeln

Für das Bärlauchpesto:
1 Bund Bärlauch
50 g gemahlene Mandeln
50 g frisch geriebener Parmesan
100 ml Olivenöl
Salz, frisch gemahlener Pfeffer

1| Für das Pesto den Bärlauch waschen, trocken schütteln und in feine Streifen schneiden. In einer kleinen Pfanne die Mandeln ohne Zugabe von Fett etwas anrösten. Bärlauch, Mandeln und Parmesan in einem Mörser mit dem Olivenöl zerstoßen. Alternativ im Mixer pürieren. Mit Salz und Pfeffer abschmecken.

2| Den Halloumi längs halbieren. Die Chilischote aufschneiden, entkernen, waschen und klein schneiden. Den Rosmarin waschen, trocken schütteln und die Nadeln fein hacken. Chili und Rosmarin mit dem Öl vermischen, den Zitronensaft hinzufügen. Die Knoblauchzehen schälen und in die Marinade pressen. Mit Salz und Pfeffer würzen.

3| Für die Toppings Aubergine und Zucchini waschen, trocken reiben, putzen und in Scheiben schneiden. Die Zwiebeln schälen und in feine Ringe schneiden.

4| Die Halloumischeiben von beiden Seiten mit der Hälfte der Marinade bestreichen. Die andere Hälfte für die Auberginen- und Zucchinischeiben verwenden. Den Käse und das Gemüse auf dem Grill in etwa 4–6 Minuten von beiden Seiten bräunen.

5| Die Brötchen halbieren und den unteren Teil mit der Hälfte des Bärlauchpestos bestreichen. Die Auberginen- und Zucchinischeiben darauf verteilen. Je eine Scheibe Halloumi auflegen, mit dem restlichen Pesto beträufeln und mit den Zwiebelringen garnieren. Die oberen Brötchenhälften anlegen.

Dazu schmeckt
TOMATEN-KORIANDER-DIP
★★★

4 Tomaten
10 Korianderstängel
1 Zwiebel, fein gehackt
2 Knoblauchzehen, fein gehackt
1 EL Sesamöl
Salz, frisch gemahlener Pfeffer

★★★

Tomaten überbrühen, dann häuten, entkernen und fein würfeln. Die Korianderblättchen abzupfen und fein hacken. Tomaten und Koriander mit Zwiebelwürfeln und Knoblauch mischen, dann das Sesamöl dazugeben. Mit Salz und Pfeffer abschmecken.

ASIATISCHER LINSEN-BURGER

Für 4 Portionen
Zubereitungszeit: ca. 35 Minuten (plus Kochzeit)

Bun

4 Weizenbrötchen (Rezept Seite 60)

Patty

300 g rote Linsen
1 EL Öl
1 Zwiebel, fein gewürfelt
1–2 Eier
1 TL frisch geriebener Ingwer
1 TL Kreuzkümmel
30–50 g Weizenkleie
geriebene Kartoffel nach Bedarf
Salz, frisch gemahlener Pfeffer

Topping

1 Römersalatherz
2 Frühlingszwiebeln
½ rote Chilischote
2 EL Limettensaft
2 EL Sojasauce
½ Salatgurke
Korianderblättchen zum Garnieren

1| Die Linsen nach Packungsanweisung kochen, abtropfen und abkühlen lassen. Das Öl in einer kleinen Pfanne erhitzen und die Zwiebelwürfel darin weich dünsten, dann mit einem Ei und den Gewürzen zu den Linsen geben. Die Weizenkleie nach und nach unter die Linsenmischung rühren, bis sie fest genug ist, um Pattys zu formen. Ist der Teig zu trocken, etwas Wasser, ein zusätzliches Ei oder etwas geriebene Kartoffel unterkneten. Den Teig nach Belieben erneut mit den Gewürzen abschmecken.

2| Mit feuchten Händen aus dem Teig vier Pattys formen und von jeder Seite 4–5 Minuten vorsichtig grillen. Die Burger-Brötchen halbieren und die Schnittflächen auf dem Grill kurz antoasten.

3| Für die Toppings den Römersalat putzen, waschen, trocknen und in Streifen schneiden. Die Frühlingszwiebeln putzen, waschen und das Weiße in dünne Ringe schneiden. Die Chilischote entkernen, waschen und fein hacken. Limettensaft und Sojasauce verrühren und mit den übrigen Zutaten außer Gurke und Koriander mischen. Die Gurke schälen und in Scheiben schneiden.

4| Die unteren Brötchenhälften mit Gurkenscheiben belegen, darauf die Pattys verteilen. Weitere Gurkenscheiben und den Salat locker darauf arrangieren. Mit Korianderblättchen garnieren. Die oberen Brötchenhälften aufsetzen.

BURGER-BUNS

Weizen-Buns

Für 10–12 Buns
Zubereitungszeit: ca. 20 Minuten (plus Ruhe- und Backzeit und Zeit zum Gehen)

Zutaten
ca. 200 ml Milch
50 g Butter
500 g Weizenmehl (Type 405)
1 Würfel frische Hefe
1 Ei
1 TL Salz
1 Prise Zucker
1 Eigelb
Sesam zum Bestreuen

1| In einem kleinen Topf die Milch mit der Butter erwärmen, sie darf nicht kochen. Währenddessen das Mehl in eine Schüssel füllen und in die Mitte eine Vertiefung drücken. Die Hefe hineinbröckeln.

2| Die warme Milch-Butter-Mischung nach und nach über die Hefe gießen, währenddessen mit dem Mixgerät (Knethaken) auf langsamer Stufe mittig einen Vorteig anrühren. Die Schüssel mit einem sauberen Küchentuch abdecken und den Teig an einem warmen Ort etwa 10 Minuten gehen lassen.

3| Ei, Salz und Zucker zum Vorteig geben und so lange rühren, bis der Teig Blasen wirft und sich vom Schüsselrand löst. Die Schüssel wieder abdecken und den Teig an einem warmen Ort nochmals 25 Minuten gehen lassen.

4| Den Backofen auf 200 °C vorheizen. Den Teig mit bemehlten Händen kräftig durchkneten und in 12 Portionen teilen, diese zu Kugeln formen und auf einem mit Backpapier belegten Blech abgedeckt weitere 10 Minuten ruhen lassen. Danach etwas andrücken. Zwischen den Brötchen sollte noch genügend Platz sein, denn sie gehen beim Backen auf.

5| Die Brötchen mit verquirltem Eigelb bepinseln und nach Belieben mit Sesam bestreuen. Im vorgeheizten Ofen 20 Minuten backen, sie sollten nicht zu dunkel und zu knusprig werden. Die Brötchen sollten frisch verzehrt werden.

Roggen-Buns

Für 10–12 Buns
Zubereitungszeit: ca. 20 Minuten (plus Ruhe- und Backzeit und Zeit zum Gehen)

Zutaten
200 ml Milch
50 g Butter
300 g feiner Roggenschrot
200 g Weizenmehl (Type 550)
1 Würfel frische Hefe
1 Ei, 1 TL Salz
1 EL Zuckerrübensirup oder Apfelmus

1| In einem kleinen Topf die Milch mit der Butter erwärmen, sie darf nicht kochen. Währenddessen das Mehl in eine Schüssel füllen, gut mischen und in die Mitte eine Vertiefung drücken. Die Hefe hineinbröckeln.

2| Die warme Milch-Butter-Mischung nach und nach über die Hefe gießen, währenddessen mit dem Mixgerät (Knethaken) auf langsamer Stufe mittig einen Vorteig anrühren. Die Schüssel mit einem sauberen Küchentuch abdecken und den Teig an einem warmen Ort etwa 10 Minuten gehen lassen.

3| Ei, Salz und Sirup zum Vorteig geben und so lange rühren, bis der Teig Blasen wirft und sich vom Schüsselrand löst. Die Schüssel wieder abdecken und den Teig an einem warmen Ort nochmals 25 Minuten gehen lassen.

4| Den Backofen auf 200 °C vorheizen. Den Teig mit bemehlten Händen kräftig durchkneten und in 12 Portionen teilen, diese zu Kugeln formen und auf einem mit Backpapier belegten Blech abgedeckt weitere 10 Minuten ruhen lassen. Danach etwas andrücken. Zwischen den Brötchen sollte noch genügend Platz sein, denn sie gehen beim Backen auf.

5| Im vorgeheizten Ofen 20 Minuten backen, während des Backvorgangs eine Schale Wasser in den Ofen stellen und die Brötchen auch immer wieder mit Wasser besprühen, damit die Kruste nicht zu knusprig wird, sie sollte eher weich bleiben. Die Brötchen sollten frisch verzehrt werden.

Ciabatta-Buns

Für 10–12 Buns
Zubereitungszeit: ca. 20 Minuten (plus Ruhe- und Backzeit und Zeit zum Gehen)

Zutaten
500 g Weizenmehl (Type 550) zzgl. Mehl zum Bestäuben
½ Würfel frische Hefe
1 knapper EL Salz
25 ml Olivenöl

1| Das Mehl in eine Schüssel sieben und in die Mitte eine Vertiefung drücken. Die Hefe hineinbröckeln und nach und nach etwa 300 ml warmes Wasser zugeben, dabei mit dem Knethaken des Mixgeräts einen Vorteig rühren. Die Schüssel mit einem sauberen Küchentuch abdecken und an einem warmen Ort etwa 20 Minuten gehen lassen.

2| Salz und Öl zum Vorteig geben und alles zu einem geschmeidigen Teig verkneten, der Teig bleibt sehr feucht. Wieder abdecken und bei Zimmertemperatur 12 Stunden, also am besten über Nacht, gehen lassen. So wird der Teig sehr luftig und grobporig.

3| Die Arbeitsfläche und den Teig mit reichlich Mehl bestäuben. Den Teig mithilfe eines Teigschabers immer wieder sehr vorsichtig teilen, sanft drücken und falten – die Luftigkeit soll erhalten bleiben. Nochmals abgedeckt 1 Stunde gehen lassen. Den Backofen auf 220 °C vorheizen.

4| Den Teig vorsichtig in 12 Segmente teilen und zu Ciabattabrötchen formen. Auf ein mit Backpapier bedecktes Backblech legen, dabei genügend Zwischenraum zwischen den Brötchen lassen. Auf der unteren Schiene etwa 30 Minuten backen. Während des Backvorgangs immer wieder mit Wasser besprühen, damit die Brötchen saftig bleiben. Die Brötchen sollten frisch verzehrt werden.

DIPS & SAUCEN

Mayonnaise

Für 4 Portionen
Zubereitungszeit: ca. 10 Minuten

Zutaten
1 Eigelb
1 EL Zitronensaft
1 EL Senf
1 Prise Salz
1 Prise frisch gemahlener Pfeffer
1 Prise Zucker
125 ml neutrales Öl
weitere Zutaten nach Beliebten

Alle Zutaten bis auf das Öl in einer Schüssel verrühren. Das Öl zunächst tropfenweise, dann in feinem Strahl zugeben und dabei ständig rühren, bis die Mayonnaise eine gleichmäßige, fein-cremige Konsistenz hat.

Diese Basis-Mayonnaise können Sie nach Gericht und Belieben mit Gewürzen, gehackten und/oder gemahlenen Kräutern, Ketchup, gehacktem Ei, Zitronenabrieb und -saft und vielem mehr variieren.

Aioli

Für 4 Portionen
Zubereitungszeit: ca. 10 Minuten

Zutaten
2 Eigelb
1 EL Zitronensaft
5 Knoblauchzehen
260 ml Olivenöl
Salz, frisch gemahlener Pfeffer

Die Eigelbe mit Zitronensaft verrühren und die Knoblauchzehen schälen und dazupressen. Das Olivenöl tropfenweise unterrühren, bis eine Mayonnaise entstanden ist. Mit den Gewürzen abschmecken.

Guacamole

Für 4 Portionen
Zubereitungszeit: ca. 10 Minuten

Zutaten
2 Avocados
8 Korianderstängel
1 kleine Zwiebel, fein gehackt
1 rote Chilischote, entkernt, fein gehackt
Salz, frisch gemahlener Pfeffer

1| Die Avocados halbieren und entkernen. Das Fruchtfleisch aus den Hälften löffeln und in einer Schüssel mit einer Gabel zerdrücken. Das Koriandergrün waschen, trocken schütteln und die Blättchen abzupfen, sehr fein hacken.

2| Alle Zutaten miteinander mischen und abschmecken. Den Avocadokern zum Püree geben, damit es bis zum Servieren seine frische grüne Farbe behält.

Ketchup

Für 4 Portionen
Zubereitungszeit: ca. 20 Minuten

Zutaten
4 Äpfel
4 Zwiebeln, fein gehackt
400 g Tomatenmark
1 EL Currypulver
1 EL Salz
1 Prise Zimt
1 EL Zuckerrübensaft
100 ml Apfelessig

1| Die Äpfel schälen und vierteln, dabei entkernen. In sehr kleine Stücke schneiden.

2| In einem Topf alle Zutaten mit wenig Wasser (nach gewünschter Konsistenz) mischen und weich kochen, danach sehr fein pürieren. Den Ketchup in saubere Flaschen füllen, gut verschließen und kühl lagern.

BBQ-Sauce

Für ca. 600 ml, Zubereitungszeit: ca. 20 Minuten (plus Zeit zum Ziehen und Kochzeit)

Zutaten
1 geräucherte Chipotle-Chili
75 ml Apfelessig
750 g Strauchtomaten
1 Gemüsezwiebel, gehackt
2 Knoblauchzehen, gehackt
50 g brauner Zucker
1 EL Zuckerrübensirup
1 TL scharfer Senf
1 TL Salz
1 TL frisch gemahlener Pfeffer
1 TL Chilipulver
1 Prise gemahlener Kreuzkümmel

1| Die Chilischote in einer kleinen Schüssel mit etwas Apfelessig übergießen und zugedeckt bei Zimmertemperatur 1 Tag ziehen lassen, dann hacken. Die Tomaten kreuzweise einritzen, mit kochendem Wasser überbrühen und häuten. Die Stielansätze entfernen und das Fruchtfleisch grob würfeln. Die Chilischote aus dem Essig nehmen und grob hacken.

2| Chili, Tomaten, Zwiebel, Knoblauch und den übrigen Essig in einem Topf aufkochen lassen. Zucker, Zuckerrübensirup, Senf, Salz, Pfeffer, Chilipulver und Kreuzkümmel einrühren und die Sauce unter Rühren ca. 30 Minuten köcheln lassen. Anschließend durch ein feines Sieb in einen weiteren Topf passieren und dickflüssig einkochen.

Sour Cream

Für 4 Portionen
Zubereitungszeit: ca. 10 Minuten

Zutaten
½ Bund krause Petersilie
125 g Magerquark
125 g Naturjoghurt
1 EL Schnittlauchröllchen
½ Zwiebel, fein gehackt
1 Spritzer Zitronensaft
Salz, frisch gemahlener Pfeffer

Die Petersilie waschen, trocken schütteln und die Blätter sehr fein hacken. Mit den anderen Zutaten gut verrühren, abschmecken und kühl stellen.

Register

A
Aioli 62
Asiatischer Linsen-Burger 59

B
Bacon-Burger mit Steinpilzen 27
Bananen-Orangen-Chutney 14
Bärlauch-Käse-Burger 56
BBQ-Sauce 63
Buffalo-Ranch-Burger 11
Burger mit Kaffeekruste und Portweinfeigen 20

C
Caesar's-Salad-Burger 23
Cevapcici-Burger mit Ajvar 12
Ciabatta-Buns 61
Curry-Burger 31

F
Fisch-Burger mit Dilldressing 52

G
Granatapfel-Relish 38
Grüne Pepperoni, gegrillte 29
Guacamole 62

H
Hamburger 8
Haselnuss-Pesto 33

I
Ibérico-Burger mit Chorizo 28

K
Ketchup 63
Kräuterdip 54
Krautsalat, pikanter 13
Kürbis-Halloumi-Burger 40

L
Lamm-Spinat-Burger 39

M
Mango-Chicken-Burger 44
Mango-Chili-Salsa 30
Marsala-Champignons 10
Mayonnaise 62

N
NY-Deli-Burger mit Garnelen 51

P
Parmaschinken-Burger mit Mozzarella 32
Pfifferling-Burger 24

R
Reh-Burger mit Quitten und Preiselbeer-Relish 36
Roggen-Buns 60
Rouille 50

S
Sour Cream 63
Steak-Frites-Burger 19
Straußen-Burger 48
Surf & Turf 16

T
Tandoori-Burger mit Curry-Blumenkohl 47
Teriyaki-Burger 43
Tomaten-Chili-Salsa 17
Tomaten-Koriander-Dip 58

V
Veggie-Burger mit Kräuterdip 55

W
Wasabi-Burger de luxe 15
Weizen-Buns 60
Wildschwein-Burger mit Rosenkohl 35